AF273597

Impressum

Verlag: BABADADA GmbH, Nedderfeld 112 , 22529 Hamburg

Geschäftsführer / Verlagsleitung: Harald Hof

Druck: Books on Demand GmbH, In de Tarpen 42, 22848 Norderstedt

Imprint

Publisher: BABADADA GmbH, Nedderfeld 112 , 22529 Hamburg, Germany

Managing Director / Publishing direction: Harald Hof

Print: Books on Demand GmbH, In de Tarpen 42, 22848 Norderstedt

мәктәп

l'école

сыйныф бүлмәсе
la salle de classe

бүлү
diviser

186/2

такта
le tableau noir

мәктәп ихатасы
la cour (de récréation)

укытучы
le professeur

кәгазь
le papier

язарга
écrire

каләм
le stylo

өстәл
le bureau

сызгыч
la règle

китап
le livre

укучы
l'élève

букча

le cartable

каләмдан

la trousse

кырандаш

le crayon

каләм очлагыч

le taille-crayon

бетергеч

la gomme

рәсем дәфтәре

le carnet à dessin

рәсем

le dessin

пумала

le pinceau

буяулар тартмасы

la boîte de peinture

кайчы

les ciseaux

җилем

la colle

дәфтәр

le cahier d'exercices

өй эше

les devoirs

сан

le chiffre

2+2

кушу

additionner

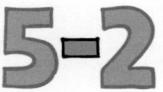

алу

soustraire

тапкырлау

multiplier

исәпләү

calculer

A

хәреф

la lettre

әлифба

l'alphabet

сүз

le mot

текст

le texte

укырга

lire

акбур

la craie

дәрес

la leçon

сыйныф журналы

le livre de classe

имтихан

l'examen

сертификат

le certificat

мәктәп формасы

l'uniforme scolaire

мәгариф

la formation

энциклопедия

le lexique

университет

l'université

микроскоп

le microscope

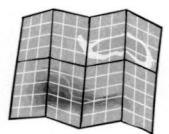

харита

la carte

чүп кәгазь чиләге

la corbeille à papier

сәяхәт

le voyage

кунакханә
l'hôtel
Grand
хостел
l'auberge
ROOMS
валюта бюросы
le bureau de change
баул
la valise
автомобиль
la voiture

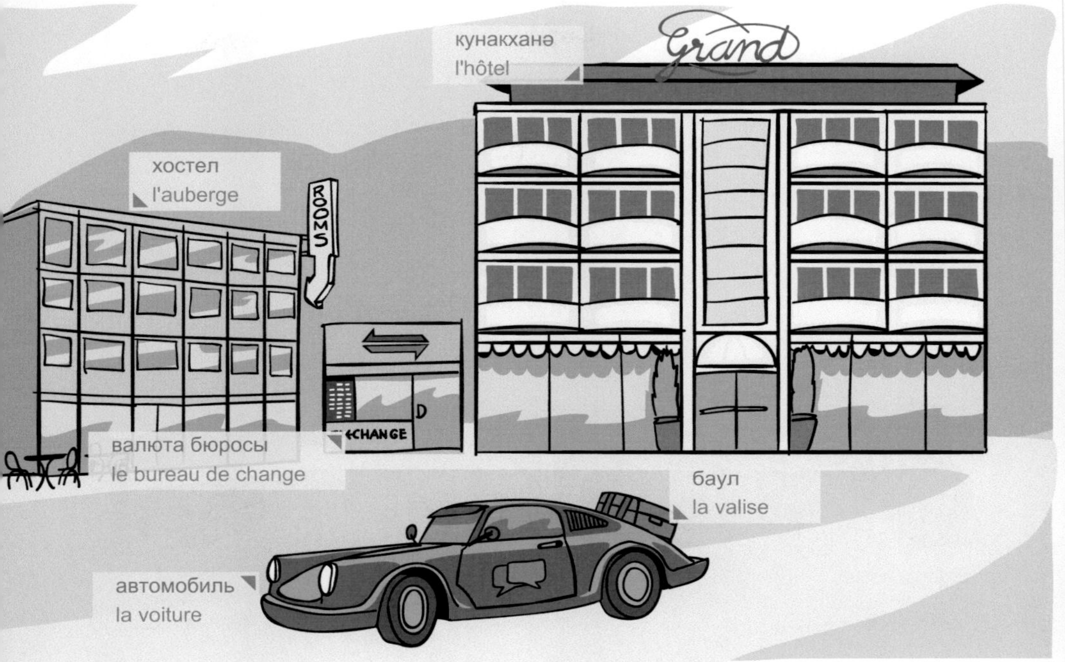

тел

la langue

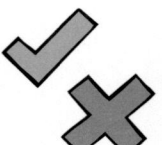

әйе / юк

oui / non

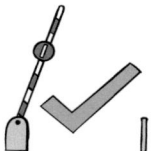

ярар

d'accord

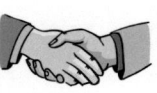

исәнмесез

Salut

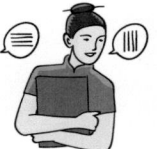

тәрҗемәче

l'interprète

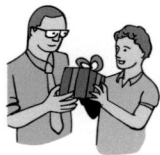

Рәхмәт

merci

… күпме тора?

Combien coûte...?

мин аңламыйм

Je ne comprends pas

проблем

le problème

Хәерле кич!

Bonsoir !

Хәерле иртә!

Bonjour !

Тыныч йокы!

Bonne nuit !

сау булыгыз

Au revoir

юнәлеш

la direction

багаж

les bagages

букча

le sac

биштәр

le sac-à-dos

кунак

l'hôte

бүлмә

la pièce

йокы капчыгы

le sac de couchage

чатыр

la tente

турист мәгълуматы

l'office de tourisme

комсал

la plage

кредит кәрте

la carte de crédit

иртәнге аш

le petit-déjeuner

төшлек

le déjeuner

кичке аш

le dîner

билет

le billet

лифт

l'ascenseur

марка

le timbre

чик

la frontière

тамгаханә

la douane

илчелек

l'ambassade

виза

le visa

паспорт

le passeport

транспорт

le transport

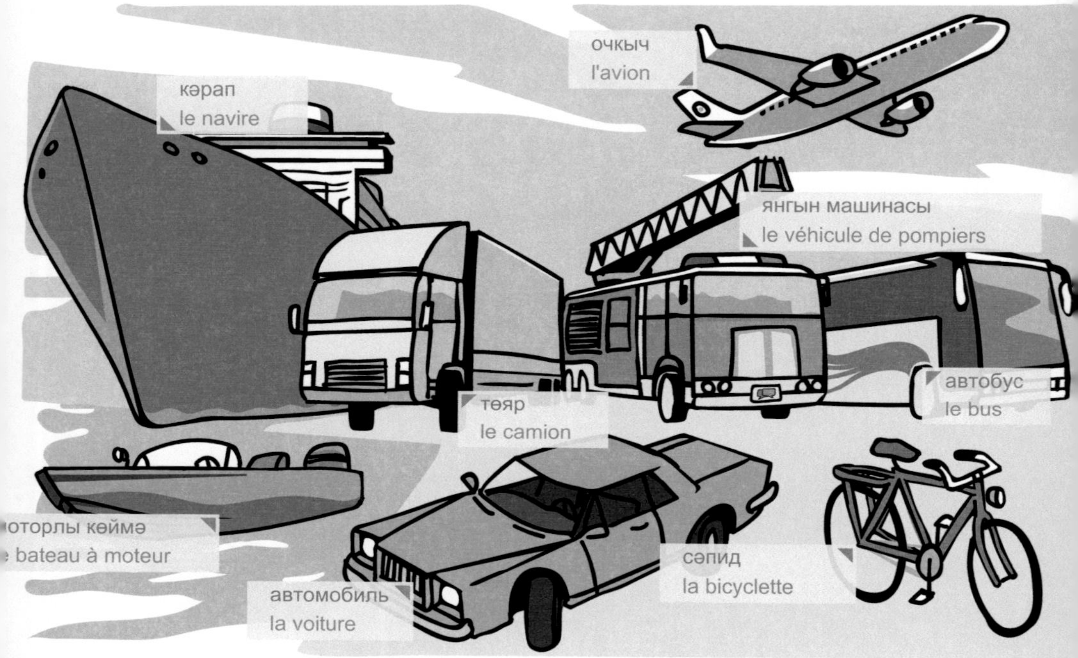
очкыч
l'avion
көрап
le navire
янгын машинасы
le véhicule de pompiers
автобус
le bus
төяр
le camion
оторлы көймә
bateau à moteur
сәпид
la bicyclette
автомобиль
la voiture

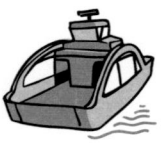

борам

le ferry

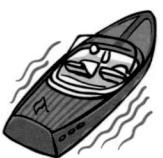

көймә

la barque

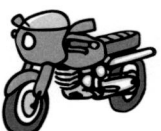

мотоцикл

la moto

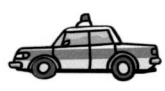

полиция машинасы

la voiture de police

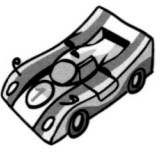

узыш машинасы

la voiture de course

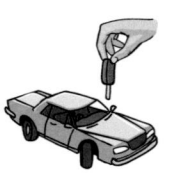

киралык машина

la voiture de location

каршеринг

l'auto-partage

тартучы

la voiture de remorquage

чүп төяре

la benne à ordures

мотор

le moteur

ягулык

l'essence

бензинлек

la station d'essence

трафик билгесе

le panneau indicateur

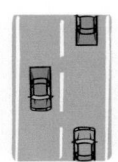

хәрәкәт

le trafic

бөке

l'embouteillage

паркинг

le parking

вокзал

la gare

рельс

les rails

поезд

le train

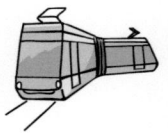

трамвай

le tramway

вагон

le wagon

боралак

l'hélicoptère

hава аланы

l'aéroport

манара

la tour

юлчы

le passager

контейнер

le conteneur

алап

le carton

йөк арбасы

le chariot

сәбәт

la corbeille

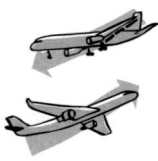

калку / төшү

décoller / atterrir

шәhәр

la ville

авыл

le village

шәhәр үзәге

le centre-ville

йорт

la maison

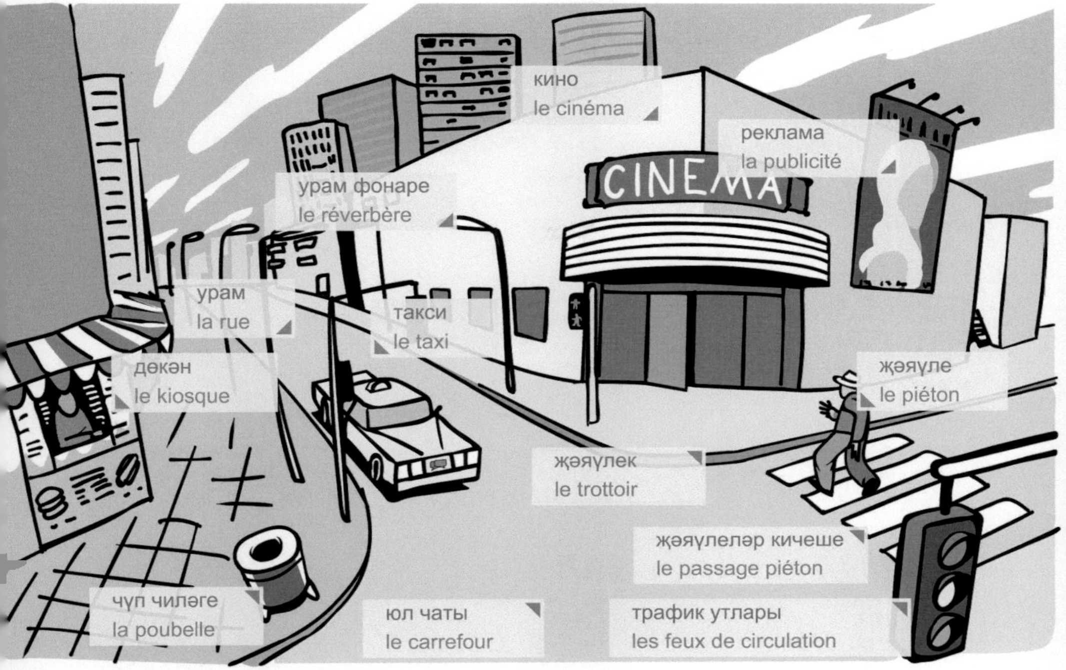

кино
le cinéma
CINEMA
реклама
la publicité
урам фонаре
le réverbère
урам
la rue
такси
le taxi
дөкән
le kiosque
җәяүле
le piéton
җәяүлек
le trottoir
җәяүлеләр кичеше
le passage piéton
чүп чиләге
la poubelle
юл чаты
le carrefour
трафик утлары
les feux de circulation

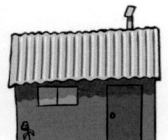

алачык

la cabane

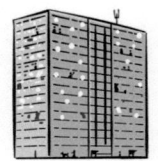

фатир

l'appartement

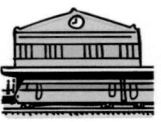

вокзал

la gare

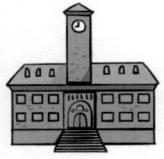

шәһәр хакимияте

la mairie

MUSEUM

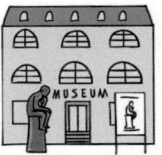

ядкәрханә

le musée

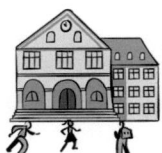

мәктәп

l'école

университет

l'université

банк

la banque

хастаханә

l'hôpital

кунакханә

l'hôtel

даруханә

la pharmacie

офис

le bureau

китап кибете

la librairie

кибет

le magasin

чәчәк кибете

le fleuriste

супермаркет

le supermarché

базар

le marché

зур кибет

le grand magasin

балык кибете

la poissonnerie

сәүдә үзәге

le centre commercial

лиман

le port

парк

le parc

эскәмия

la banque

күпер

le pont

баскыч

les escaliers

метро

le métro

тоннель

le tunnel

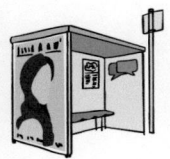

автобус туктәлышы

l'arrêt de bus

бар

le bar

ресторан

le restaurant

ямыл тартмасы

la boîte à lettres

урам билгесе

le panneau indicateur

паркинг санагычы

le parcmètre

хайван бакчасы

le zoo

хәвезханә

le réverbère

мәчет

la mosquée

ферма

la ferme

керлелек

la pollution

зират

la cimetière

чиркәү

l'église

уен аланы

l'aire de jeux

гыйбадәтханә

le temple

тирә-юнь

le paysage

яфрак
la feuille

юл күрсәткече
le panneau indicateur

юл
le chemin

болын
le pré

таш
la pierre

агач
l'arbre

йөрешче
le randonneur

елга
la rivière

үлән
l'herbe

чәчәк
la fleur

үзән

la vallée

калкулык

la montagne

күл

le lac

урман

la forêt

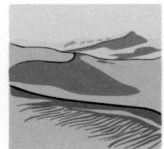

чүл

le désert

янартау

le volcan

ныгытма

le château

салават күпере

l'arc-en-ciel

гөмбә

le champignon

пальма

le palmier

черки

le moustique

чебен

la mouche

кырмыска

les fourmis

бал корты

l'abeille

үрмәкүч

l'araignée

коңгыз

le coléoptère

бака

la grenouille

тиен

l'écureuil

керпе

le hérisson

куян

le lièvre

ябалак

la chouette

кош

l'oiseau

аккош

le cygne

кабан дуңгызы

le sanglier

болан

le cerf

пошый

l'élan

туан

le barrage

җир турбины

l'éolienne

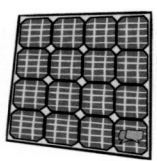

кояш панеле

le panneau solaire

икълим

le climat

ресторан
le restaurant

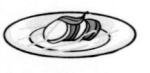

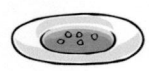

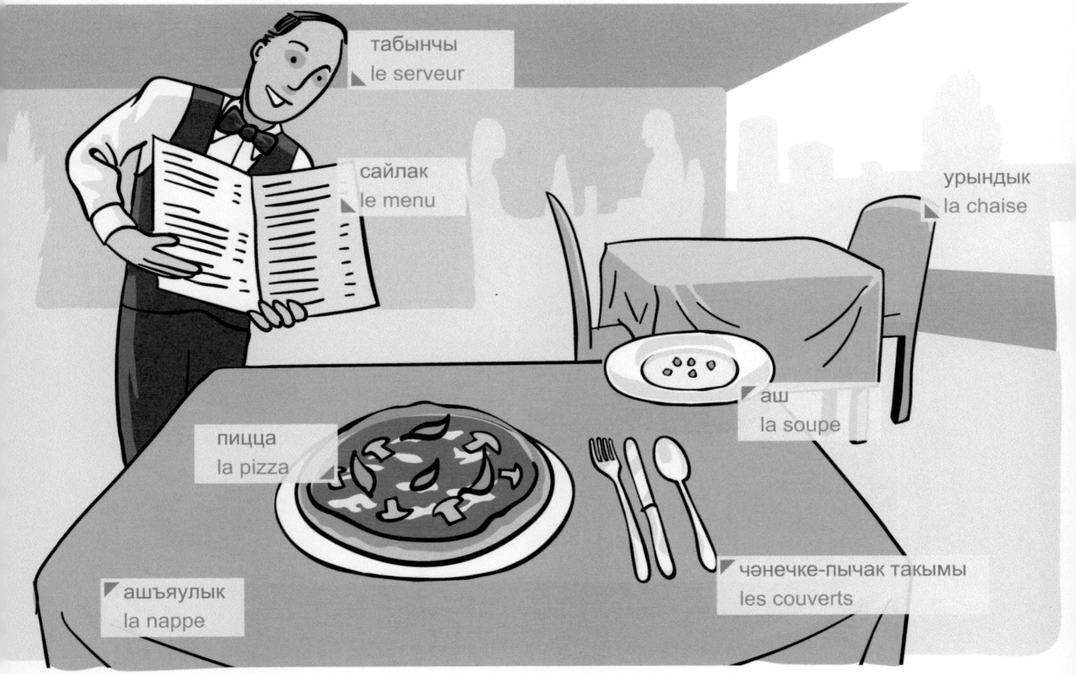
табынчы
le serveur
сайлак
le menu
урындык
la chaise
аш
la soupe
пицца
la pizza
чәнечке-пычак такымы
les couverts
ашъяулык
la nappe

кабымлык

les hors d'œuvre

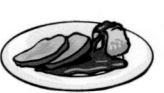

төп ашамлык

le plat principal

татлы

le dessert

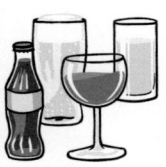

эчемлекләр

les boissons

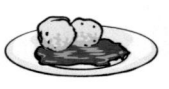

азык

l'alimentation

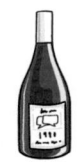

шешә

la bouteille

фастфуд

le fast-food

урам ризыгы

les plats à emporter

чәйгүн

la théière

шикәр савыты

le sucrier

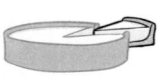

салым

la portion

эспрессо машины

la machine à expresso

биек урындык

la chaise haute

хисап

la facture

төгер

le plateau

пычак

le couteau

чәнечке

la fourchette

кашык

la cuillère

чәй кашыгы

la cuillère à thé

тастымал

la serviette

тустаган

le verre

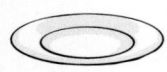

табак

l'assiette

аш табагы

l'assiette à soupe

җәйпәк

la soucoupe

соус

la sauce

тоз савыты

la salière

борыч тегермәне

le moulin à poivre

серкә

le vinaigre

сыек май

l'huile

тәмләткеч

les épices

кетчуп

le ketchup

хәрдәл

la moutarde

майонез

la mayonnaise

супермаркет
le supermarché

махсус тәкъдим
l'offre promotionnelle
FOR
сатып алучы
le client
сөт эшләнмәләре
les produits laitiers
җимеш
les fruits
кибет арбасы
le chariot

BUTCHERS

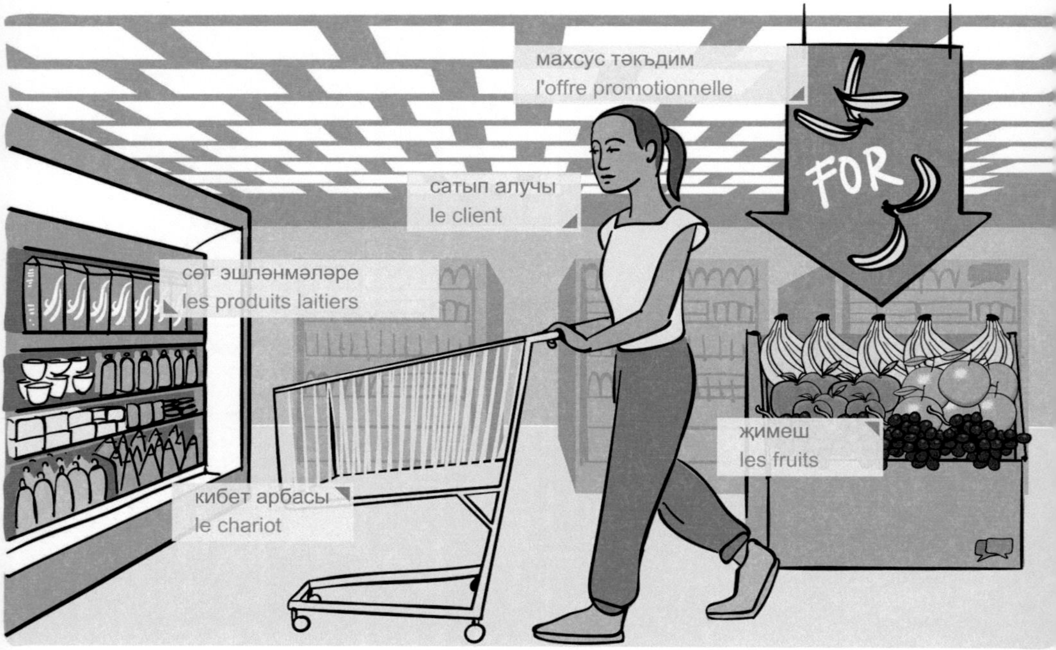

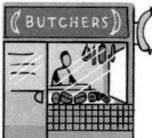

ит кибете

la boucherie

BAKERY

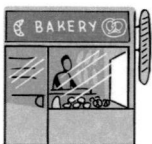

икмәкханә

la boulangerie

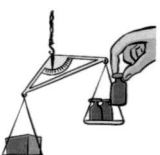

үлчәү

peser

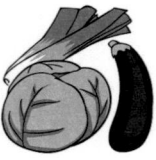

яшелчә

les légumes

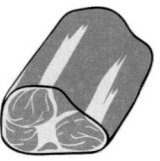

ит

la viande

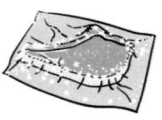

туңдырылган ашамлыклар

les aliments surgelés

суык ит

la charcuterie

кәнсирләнгән ашамлык

les conserves

кер юу порошогы

la poudre à lessive

шикәрләмәләр

les bonbons

өй эшләнмәләре

les articles ménagers

тәмизлек эшләнмәләре

les détergents

сатучы

la vendeuse

язучы касса

la caisse

кассир

le caissier

сатып алу исемлеге

la liste d'achats

эш вакыты

les heures d'ouverture

калта

le portefeuille

кредит кәрте

la carte de crédit

букча

le sac

пластик капчык

le sac en plastique

супермаркет - le supermarché

21

су
....

l'eau

сут
....

le jus de fruit

сөт
....

le lait

кола
....

le coca

шәраб
....

le vin

сыра
....

la bière

хәмер
....

l'alcool

какао
....

le chocolat chaud

чәй
....

le thé

каһвә
....

le café

эспрессо
....

l'expresso

капучино
....

le cappuccino

банан

la banane

алма

la pomme

әфлисун

l'orange

карбыз

le melon

лимон

le citron.

кишер

la carotte

сарымсак

l'ail

бамбук

le bambou

суган

l'oignon

гөмбә

le champignon

чикләвекләр

les noisettes

токмач

les pâtes

спагетти

les spaghetti

дөге

le riz

салат

la salade

чипсы

les pommes frites

кыздырылган бәрәңге

les pommes de terre rôties

пицца

la pizza

гамбургер

le hamburger

сэндвич

le sandwich

кәтлит

l'escalope

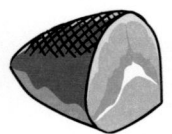

ветчина

le jambon

салями

le salami

сосиска

la saucisse

тавык

le poulet

кыздырма

le rôti

балык

le poisson

солы измәсе

les flocons d'avoine

мюсли

le muesli

мәккәй кетердеге

les cornflakes

он

la farine

круассан

le croissant

ипи түгәрәге

les petits-pains

икмәк

le pain

тост

le pain grillé

кәтәрмәч

les biscuits

май

le beurre

эремчек

le fromage blanc

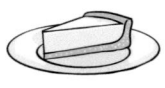

кейк

le gâteau

йомырка

l'œuf

тәбә

l'œuf au plat

сыр

le fromage

туңдырма

la glace

шикәр

le sucre

бал

le miel

кайнатма

la confiture

шоколад измәсе

la crème nougat

карри

le curry

ферма

la ferme

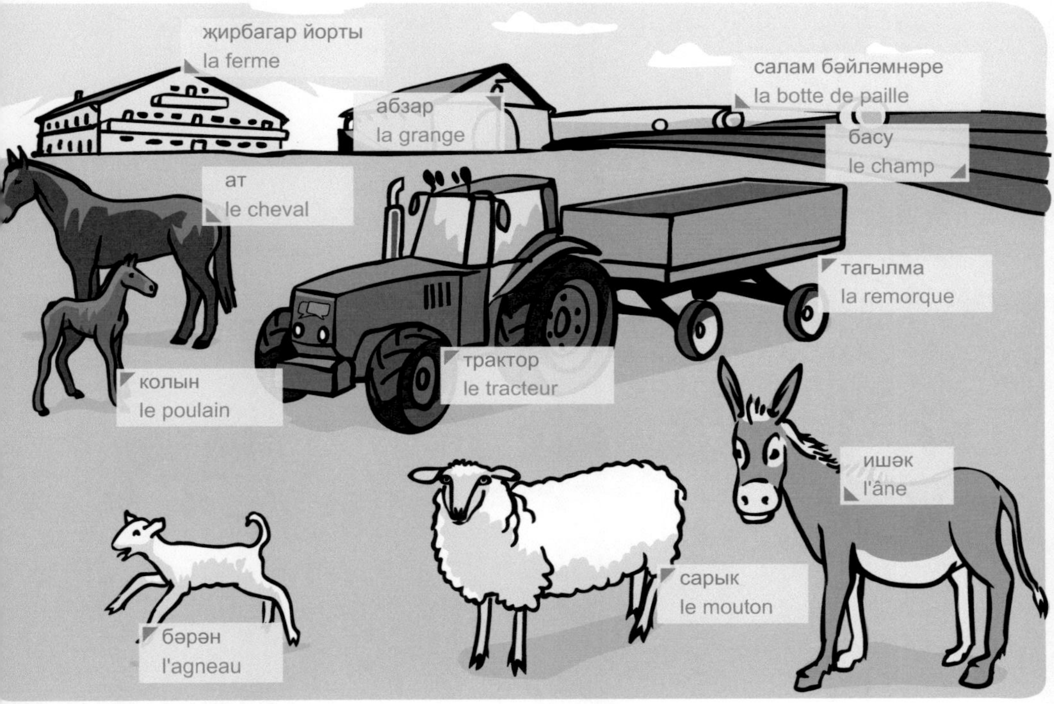

җирбагар йорты
la ferme
салам бәйләмнәре
la botte de paille
абзар
la grange
басу
le champ
ат
le cheval
тагылма
la remorque
трактор
le tracteur
колын
le poulain
ишәк
l'âne
сарык
le mouton
бәрән
l'agneau

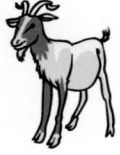

кәҗә

la chèvre

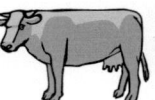

сыер

la vache

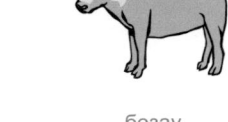

бозау

le veau

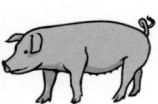

дуңгыз

le porc

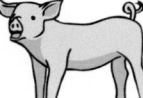

дуңгыз баласы

le porcelet

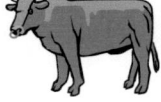

үгез

le taureau

каз

l'oie

үрдәк

le canard

чеби

le poussin

тавык

la poule

әтәч

le coq

күсе

le rat

песи

le chat

тычкан

la souris

эш үгезе

le bœuf

эт

le chien

эт оясы

le chenil

бакча хортумы

le tuyau de jardin

сусипкеч

l'arrosoir

чалгы

la faucheuse

сабан

la charrue

урак

la faucille

китмән

la pioche

сәнәк

la fourche

балта

la hache

кул арбасы

la brouette

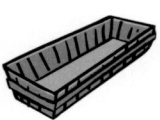

тагарак

la cuve

сөт чиләге

le pot à lait

капчык

le sac

койма

la clôture

абзар

l'étable

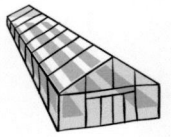

эссеханә

le serre

туфрак

le sol

орлык

les semences

ашлама

l'engrais

комбайн

la moissonneuse-batteuse

уңыш җыярга
récolter

уңыш
la récolte

ям
l'igname

бодай
le blé

соя
le soja

бәрәңге
la pomme de terre

мәккәй
le maïs

рапс
le colza

җимеш агачы
l'arbre fruitier

маниок
le manioc

бөртеклеләр
les céréales

йорт

la maison

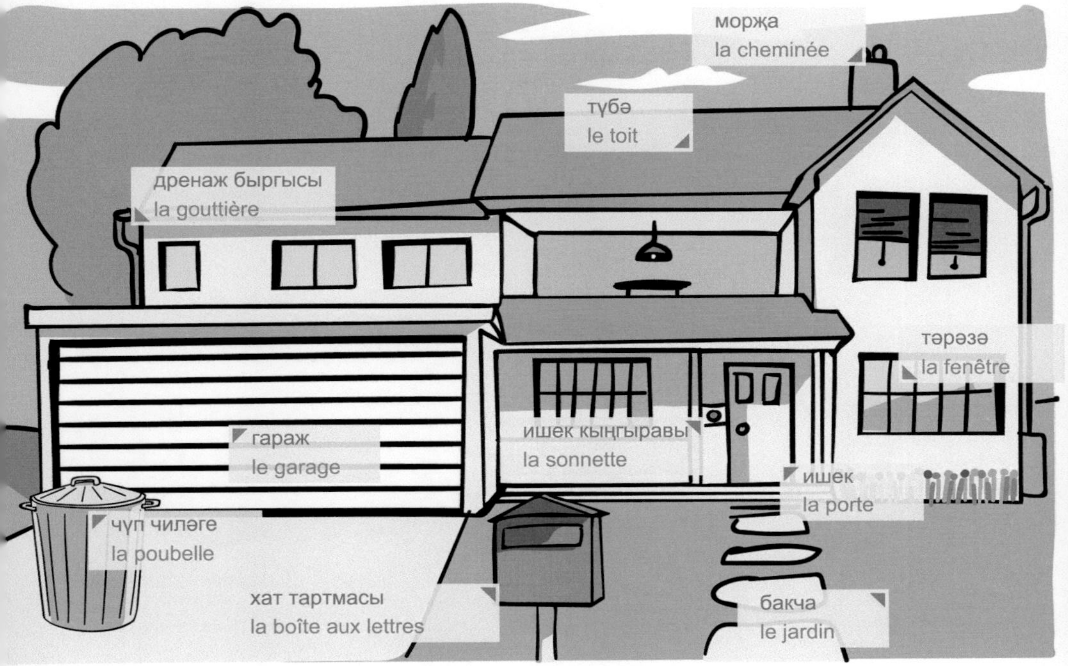

моржа
la cheminée
түбә
le toit
дренаж быргысы
la gouttière
тәрәзә
la fenêtre
гараж
le garage
ишек кыңгыравы
la sonnette
ишек
la porte
чүп чиләге
la poubelle
хат тартмасы
la boîte aux lettres
бакча
le jardin

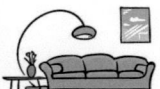

кунак бүлмәсе

le salon

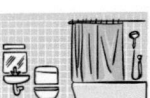

юыну бүлмәсе

la salle de bain

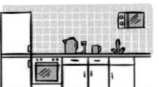

аш бүлмәсе

la cuisine

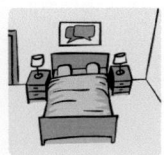

ятак бүлмәсе

la chambre à coucher

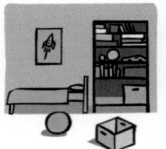

бала бүлмәсе

la chambre d'enfant

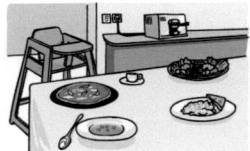

аш бүлмәсе

la salle à manger

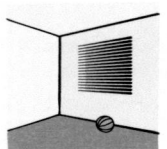

идән

le sol

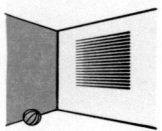

дивар

le mur

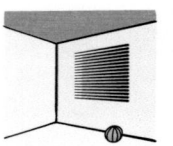

түшәм

le plafond

түлә

la cave

сауна

le sauna

балкон

le balcon

терраса

la terrasse

хәвез

la piscine

чирәмчапкыч

la tondeuse à gazon

җәймә

la housse

ятак япмасы

la couette

ятак

le lit

себерке

le balai

чиләк

le sceau

өзгеч

l'interrupteur

кунак бүлмәсе

le salon

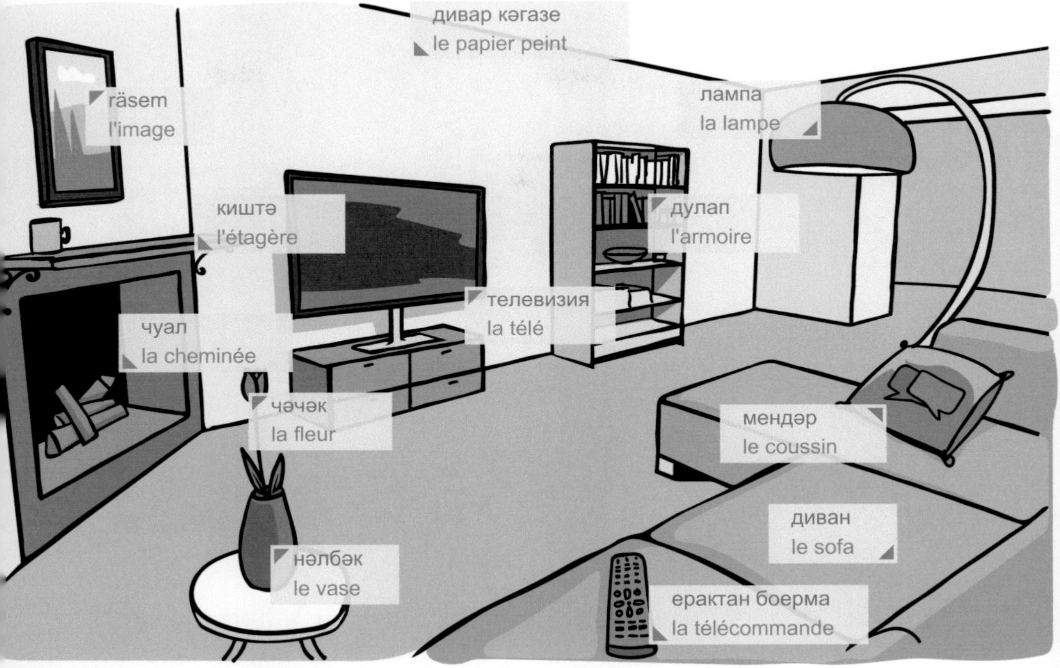

дивар кәгазе
le papier peint
räsem
l'image
лампа
la lampe
киштә
l'étagère
дулап
l'armoire
телевизия
la télé
чуал
la cheminée
чәчәк
la fleur
мендәр
le coussin
диван
le sofa
нәлбәк
le vase
ерактан боерма
la télécommande

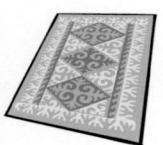

келәм

le tapis

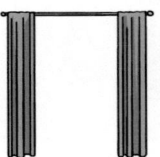

пәрдә

le rideau

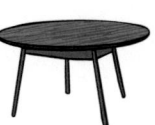

өстәл

la table

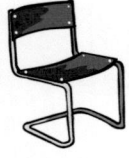

урындык

la chaise

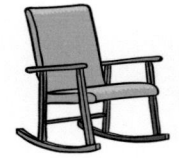

тирбәлмә урындык

la chaise à bascule

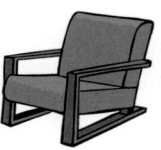

кәнәфи

le fauteuil

китап

le livre

япма

la couverture

декор

la décoration

утын

le bois de chauffage

фильм

le film

hi-fi

la chaîne hi-fi

ачкыч

la clé

гәҗит

le journal

сурәт

la peinture

постер

le poster

радио

la radio

куен дәфтәре

le bloc-notes

тузансуыргыч

l'aspirateur

кактус

le cactus

шәм

la bougie

аш бүлмәсе
la cuisine

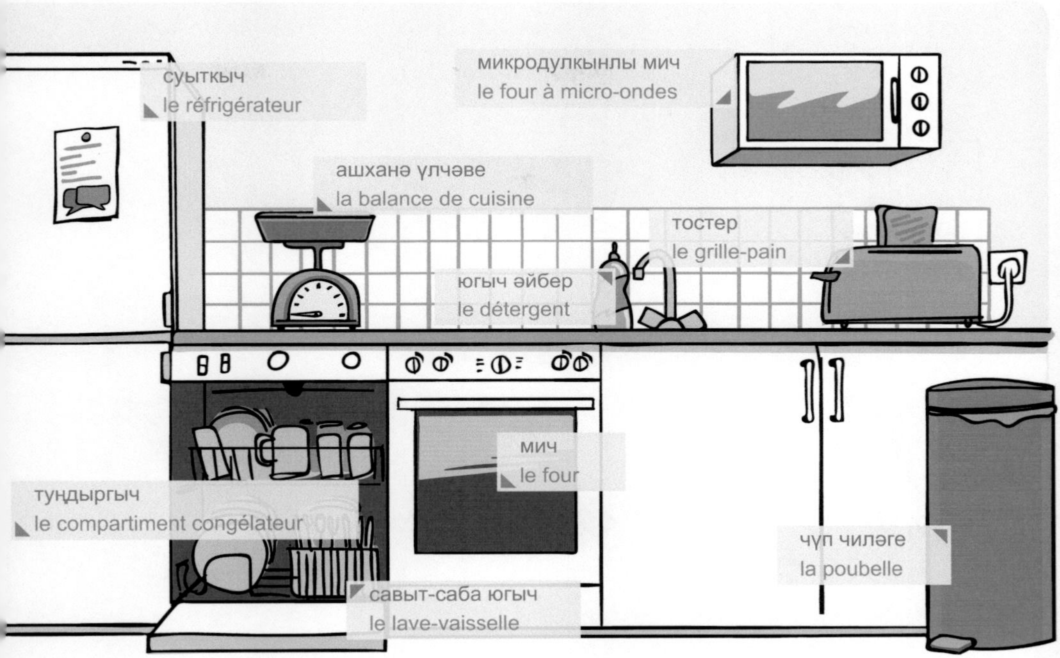
суыткыч
le réfrigérateur
микродулкынлы мич
le four à micro-ondes
ашханә үлчәве
la balance de cuisine
тостер
le grille-pain
югыч әйбер
le détergent
мич
le four
туңдыргыч
le compartiment congélateur
чүп чиләге
la poubelle
савыт-саба югыч
le lave-vaisselle

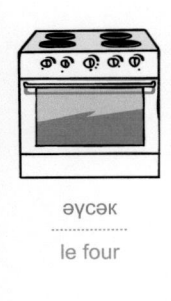

әүсәк

le four

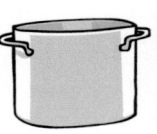

саган

la casserole

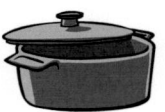

чуен саган

la marmite

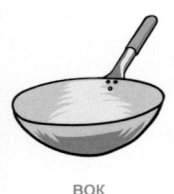

вок

le wok / kadai

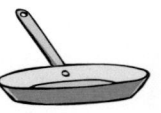

таба

la poêle

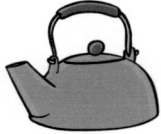

чәйгүн

la bouilloire electrique

булы пешергеч

le cuiseur vapeur

калай

la plaque de cuisson

савыт-саба

la vaisselle

тәгәч

le gobelet

касә

la coupe

ашау таякчыклары

les baguettes

уҗау

la louche

спатула

la spatule

туглагыч

le fouet

сөзгеч

la passoire

иләк

le tamis

кыргыч

la râpe

киле

le mortier

барбекю

le barbecue

ачык учак

la cheminée

такта

la planche à découper

уклау

le rouleau à pâtisserie

бөке суыргыч

le tire-bouchon

металл тартма

la boîte

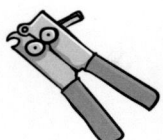

кәнсир ачкыч

l'ouvre-boîte

мич биялəе

les maniques

киршəн

le lavabo

фырча

la brosse

болыт

l'éponge

блендер

le mixeur

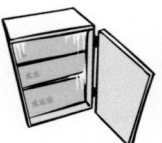

тирән туңдыргыч

le congélateur

имезлекле шешə

le biberon

чөмəк

le robinet

аш бүлмəсе - la cuisine

юыну бүлмәсе
la salle de bain

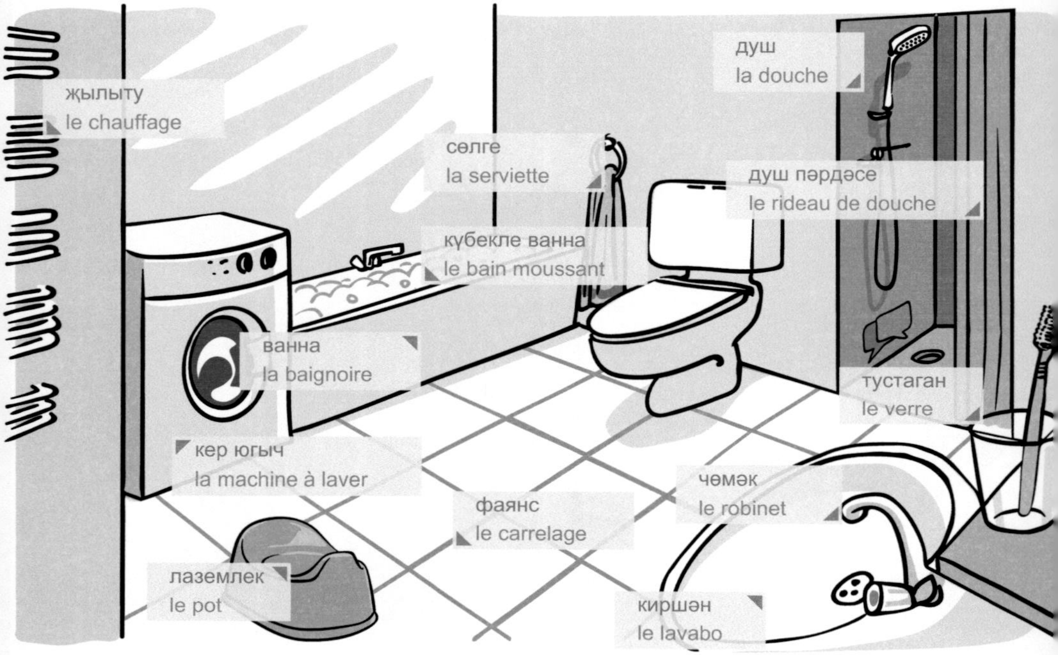

душ
la douche

жылыту
le chauffage

сөлге
la serviette

душ пәрдәсе
le rideau de douche

күбекле ванна
le bain moussant

ванна
la baignoire

тустаган
le verre

кер югыч
la machine à laver

чөмәк
le robinet

фаянс
le carrelage

лаземлек
le pot

киршән
le lavabo

бәдрәф

les toilettes

төрекчә бәдрәф

la toilette à la turque

биде

le bidet

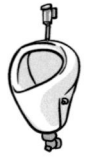

писсуар

l'urinoir

бәдрәф кәгазе

le papier toilette

бәдрәф фырчасы

la brosse à toilette

теш фырчасы

la brosse à dents

теш мәгъжүне

le dentifrice

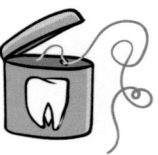

теш җебе

le fil dentaire

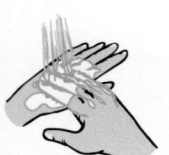

юарга

laver

душ башлыгы

la douche manuelle

душ

la douche intime

киршән

la vasque

арка фырчасы

la brosse dorsale

сабын

le savon

душ сеңәле

le gel douche

шампунь

le shampooing

мунчала

le gant de toilette

агым

l'écoulement

крем

la crème

дезодорант

le déodorant

көзге

le miroir

кул көзгесе

le miroir cosmétique

өстәрә

le rasoir

кырыну күбеге

la mousse à raser

кырыну лосьоны

l'après-rasage

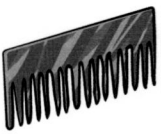

тарак

la peigne

щётка

la brosse

фен

le sèche-cheveux

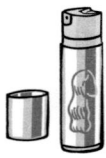

чәч спрее

la laque pour cheveux

макияж

le fond de teint

ирен иннеге

le rouge à lèvres

тырнак җәләсе

le vernis à ongles

мамык

l'ouate

тырнак кайчысы

le coupe-ongles

хушбуй

le parfum

макияж букчасы

la trousse de toilette

утыргыч

le tabouret

улчәу

le pèse-personne

чоба

le peignoir

резин иләсә

les gants de nettoyage

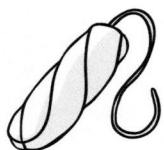

тампон

le tampon

һигиеник пәд

les serviettes hygiéniques

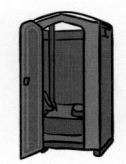

химияви бәдрәф

la toilette chimique

бала бүлмәсе
la chambre d'enfant

уяткыч сәгать
le réveil
йомшак уенчык
le doudou
уенчык машина
la voiture jouet
шалтыравык
le hochet
курчак йорты
la maison de poupée
бүләк
le cadeau

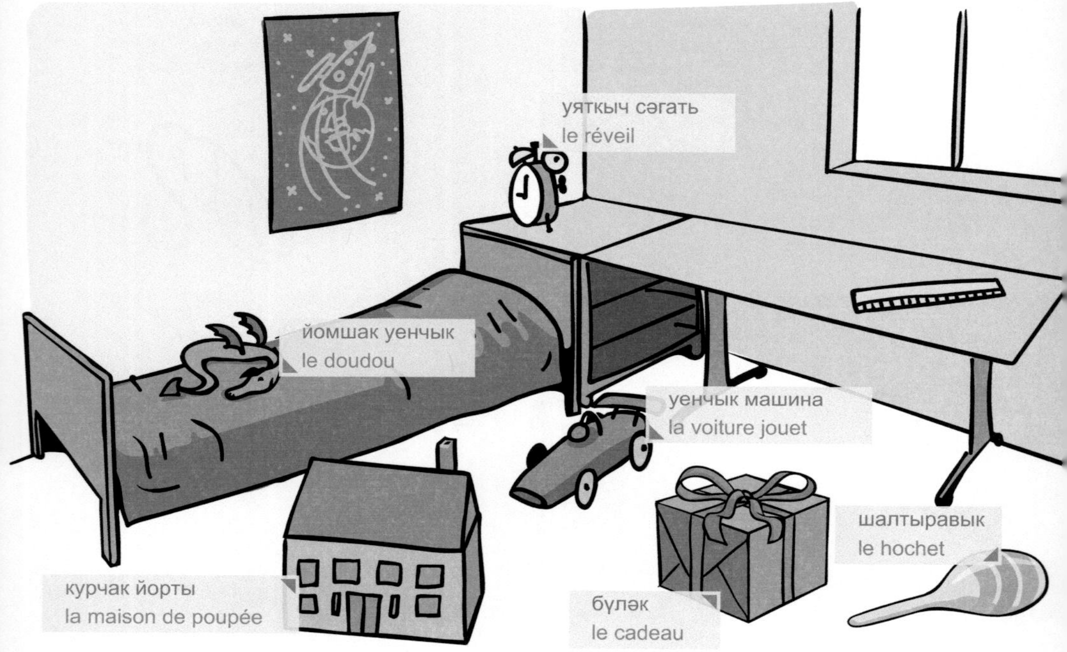

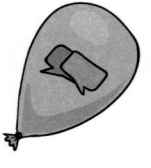

һава шары

le ballon

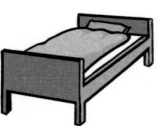

ятак

le lit

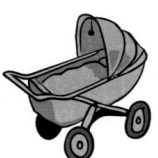

бәби арбасы

la poussette

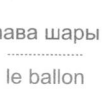

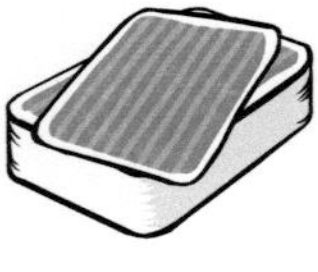

кәрт дәстәсе

le jeu de cartes

пазл

le puzzle

SUPER MEGA

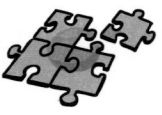

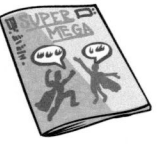

комикс

la bande dessinée

лего кирпечләре

les pièces lego

шакмаклар

les blocs de construction

уен сынчыгы

la figurine

зыбын

la grenouillère

фрисби

le frisbee

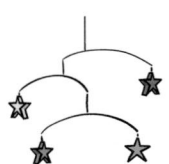

мобиль

le mobile

өстәл уены

le jeu de société

уен ташы

le dé

поезд моделе җыелмасы

le train miniature

имезлек

la sucette

кичә

la fête

рәсемле китап

le livre d'images

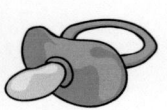

туп

la balle

курчак

la poupée

уйнарга

jouer

комлык

le bac à sable

таган

la balançoire

уенчыклар

les jouets

уен кушмасы

la console de jeu

өч көпчәкле сәпид

le tricycle

уенчык аю

l'ours en peluche

кием дулабы

l'armoire

кием

les vêtements

оекбаш

les chaussettes

оек

les bas

оегыштан

le collant

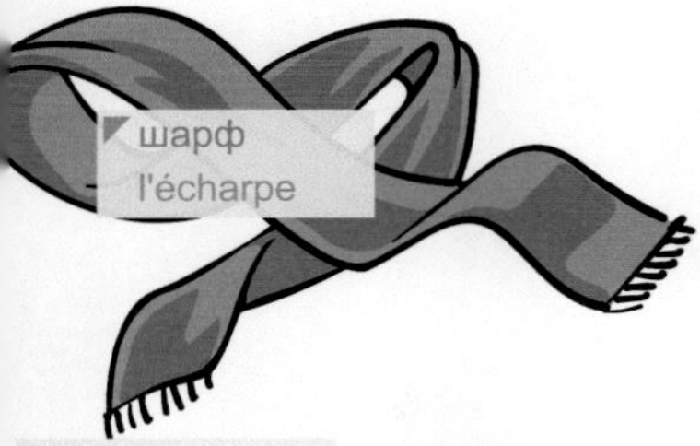

шарф
l'écharpe

каеш
la ceinture

кулчатыр
le parapluie

футболка
le t-shirt

спорт аяк киеме
les baskets

итек
les bottes

чәпәләй
les pantoufles

сандаллар
les sandales

аяк киеме
les chaussures

резин итек
les bottes de caoutchouc

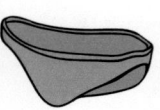

тәнбан
les sous-vêtements

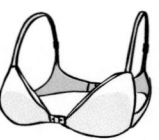

түшти
le soutien-gorge

жәләк
le maillot de corps

боди

le body

чалбар

le pantalon

джинс

le jean

итәк

la jupe

блузка

le chemisier

күлмәк

la chemise

свитер

le pull

худи

le sweat à capuche

блейзер

la veste

жакет

la veste

бишмәт

le manteau

яңгырлык

l'imperméable

кәчтүм

le costume

күлмәк

la robe

туй күлмәге

la robe de mariée

такым кием

le costume

төнге күлмәк

la chemise de nuit

пижама

le pyjama

сари

le sari

яулык

le foulard

чалма

le turban

бурка

la burqa

чапан

le caftan

абая

l'abaya

коену киеме

le maillot de bain

йөзү тәнбаны

le maillot de bain

шорт

le short

спорт киеме

la tenue d'entraînement

алъяпкыч

le tablier

иләсә

les gants

төймә

le bouton

күзлек

les lunettes

беләзек

le bracelet

муенса

le collier

балдак

la bague

алка

la boucle d'oreille

кәпәч

le bonnet

элгеч

le cintre

эшләпә

le chapeau

галстук

la cravate

зынҗыр

la fermeture éclair

очлам

le casque

чалбар асмасы

les bretelles

мәктәп формасы

l'uniforme scolaire

форма

l'uniforme

балалар күкрәкчәсе

le bavoir

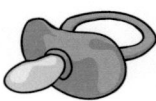

имезлек

la sucette

күзәлә

la lange

офис
le bureau

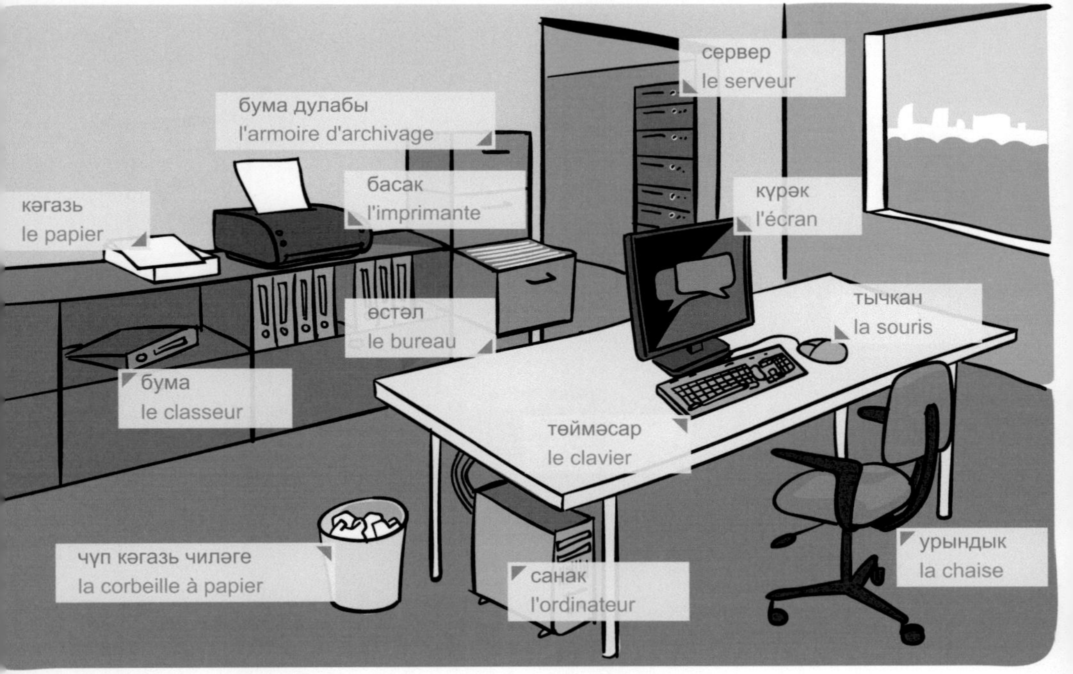

сервер
le serveur

бума дулабы
l'armoire d'archivage

басак
l'imprimante

күрәк
l'écran

кәгазь
le papier

өстәл
le bureau

тычкан
la souris

бума
le classeur

төймәсар
le clavier

чүп кәгазь чиләге
la corbeille à papier

санак
l'ordinateur

урындык
la chaise

каһвә тәгәче

la tasse de café

сансанар

la calculatrice

интернет

l'internet

офис - le bureau

49

ләптоп

l'ordinateur portable

хат

la lettre

хәбәр

le message

кесә телефоны

le portable

челтәр

le réseau

фотокопияче

la photocopieuse

програм тәэминаты

le logiciel

телефон

le téléphone

аергыч

la prise

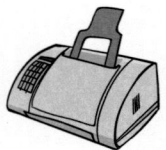

факс

le fax

форм

le formulaire

документ

le document

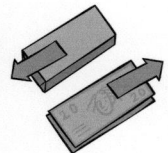

сатып алырга

acheter

түләргә

payer

сәүдә итәргә

faire du commerce

акча

la monnaie

доллар

le dollar

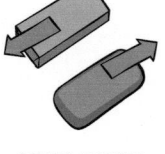

евро

l'euro

иена

le yen

сум

le rouble

франк

le franc suisse

юан

le renminbi yuan

рупи

la roupie

банкомат

le distributeur automatique

валюта бюросы

le bureau de change

алтын

l'or

көмеш

l'argent

карамай

le pétrole

энергия

l'énergie

бәя

le prix

контракт

le contrat

салым

la taxe

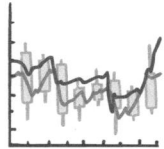

сток

l'action

эшләргә

travailler

эшче

l'employé

эш бирүче

l'employeur

фабрика

l'usine

кибет

le magasin

һөнәрләр
les professions

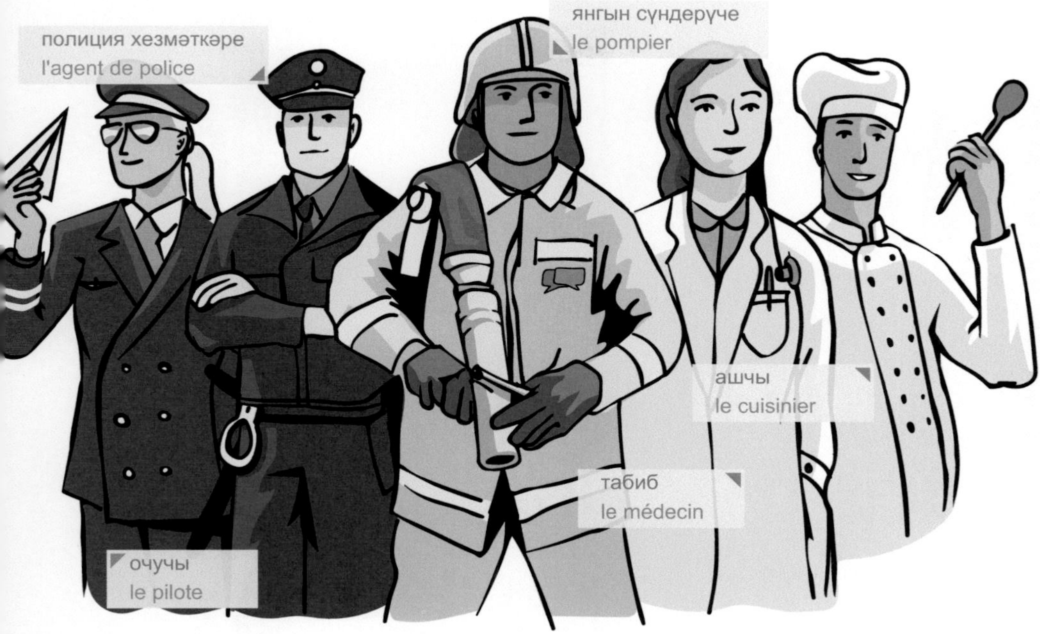
полиция хезмәткәре
l'agent de police
янгын сүндерүче
le pompier
ашчы
le cuisinier
табиб
le médecin
очучы
le pilote

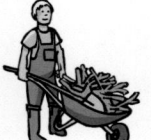

бакчачы

le jardinier

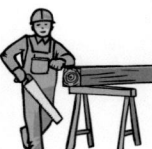

агач остасы

le menuisier

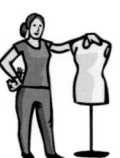

тегүче

la couturière

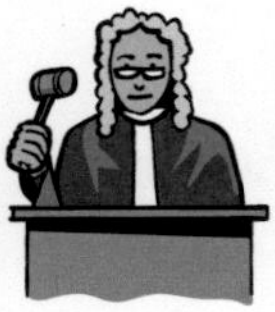

хөкемче

le juge

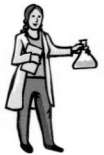

химияче

le chimiste

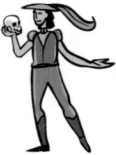

актер

l'acteur

автобус йөртүче

le conducteur de bus

таксиче

le chauffeur de taxi

балыкчы

le pêcheur

җыештыручы хатын

la femme de ménage

түбә ябучы

le couvreur

табынчы

le serveur

аучы

le chasseur

рәссам

le peintre

икмәкче

le boulanger

электрчы

l'électricien

төзүче

l'ouvrier

мөһәндис

l'ingénieur

итче

le boucher

чөмәкче

le plombier

ямылчы

le facteur

гаскәри

le soldat

мигъмар

l'architecte

кассир

le caissier

чәчәкче

le fleuriste

чәчтараш

le coiffeur

кондуктор

le contrôleur

механик

le mécanicien

капитан

le capitaine

теш табибы

le dentiste

галим

le scientifique

раввин

le rabbin

имам

l'imam

кәшиш

le moine

рухани

le prêtre

алэтлэр

les outils

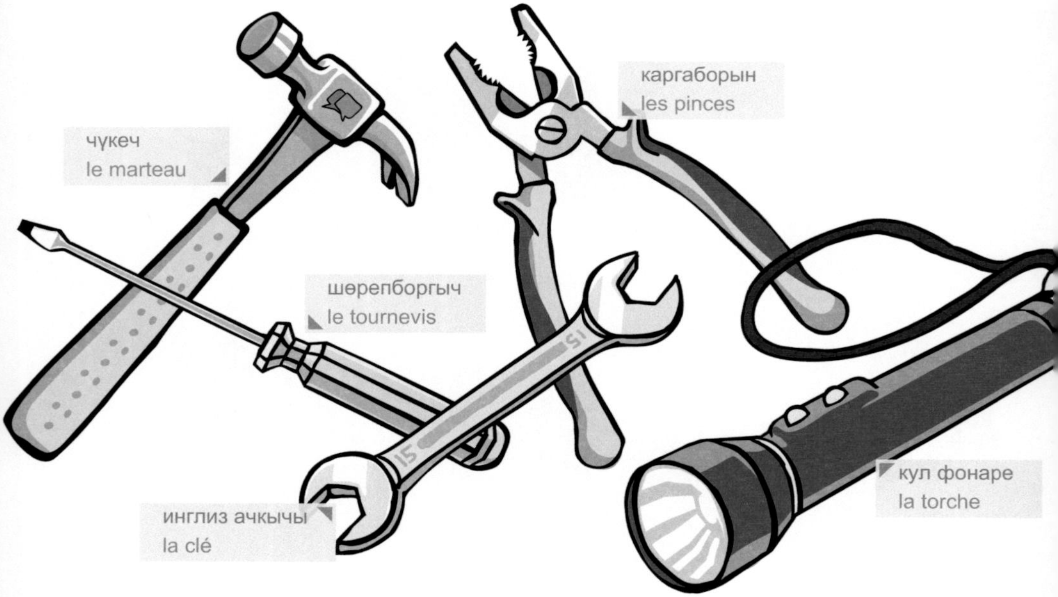
каргаборын
les pinces
чүкеч
le marteau
шөрепборгыч
le tournevis
кул фонаре
la torche
инглиз ачкычы
la clé

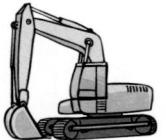

казу машинасы

la pelleteuse

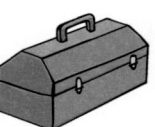

алэт букчасы

la boîte à outils

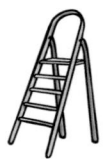

баскыч

l'échelle

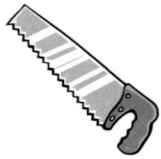

пычкы

la scie

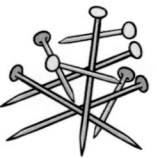

кадаклар

les clous

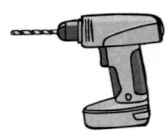

дрель

la perceuse

төзәтергә

réparer

көрәк

la pelle

Шайтан алгыры!

Mince !

соскы

la pelle

буяу савыты

le pot de peinture

мыклар

les vis

музыка аләтләре
les instruments de musique

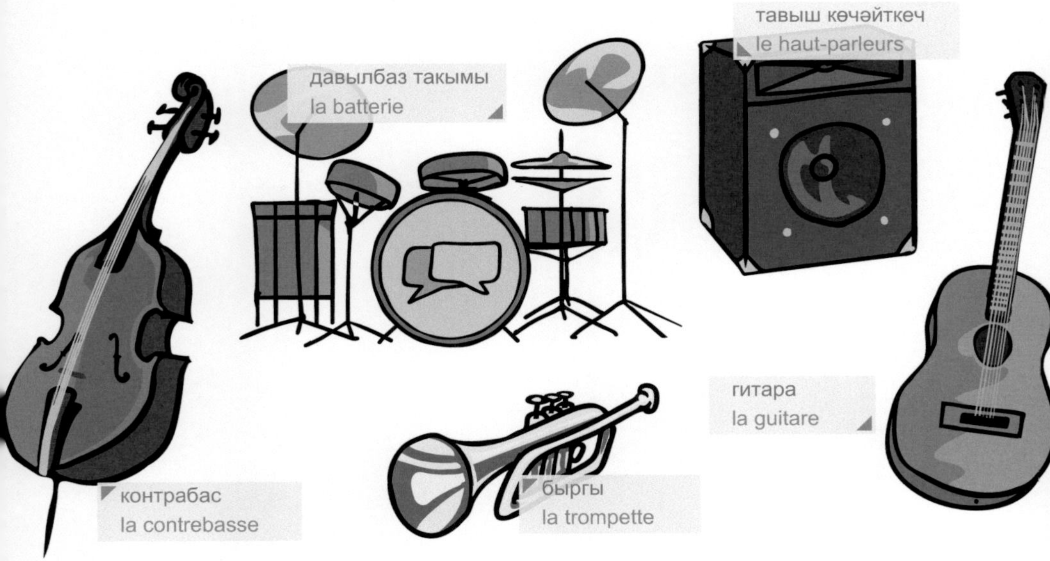

давылбаз такымы
la batterie

тавыш көчәйткеч
le haut-parleurs

гитара
la guitare

контрабас
la contrebasse

быргы
la trompette

пианино

le piano

кәман

le violon

бас-гитара

la basse

тимпани

les timbales

давылбаз

le tambour

төймәсар

le piano électrique

саксофон

le saxophone

флейта

la flûte

микрофон

le microphone

хайван бакчасы

le zoo

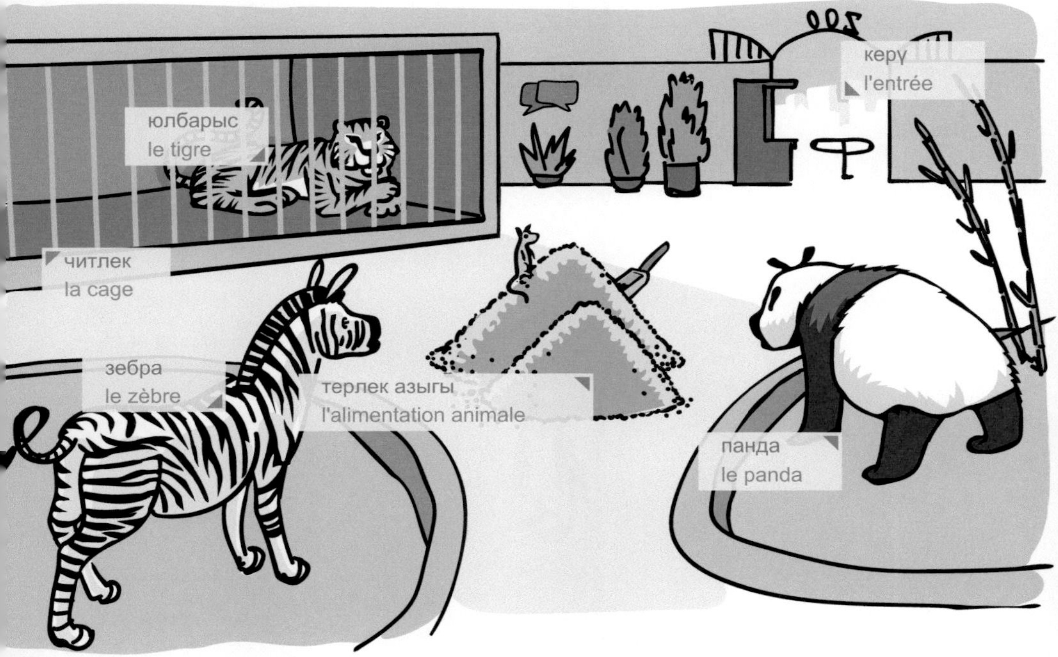

керү
l'entrée
юлбарыс
le tigre
читлек
la cage
зебра
le zèbre
терлек азыгы
l'alimentation animale
панда
le panda

хайваннар

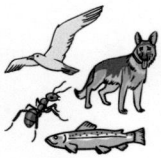

les animaux

фил

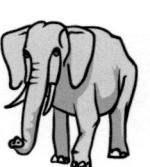

l'éléphant

көнгерә

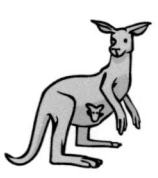

le kangourou

кәркәдән

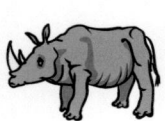

le rhinocéros

горилла

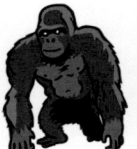

le gorille

аю

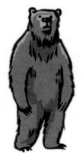

l'ours

дөя

le chameau

тәвә кошы

l'autruche

арыслан

le lion

маймыл

le singe

фламинго

le flamand rose

тутый кош

le perroquet

ак аю

l'ours polaire

пингвин

le pingouin

күпек балыгы

le requin

тавис

le paon

елан

le serpent

тимсах

le crocodile

хайван бакчасы
хезмәткәре
le gardien de zoo

су эте

le phoque

ягуар

le jaguar

пони

le poney

каплан

le léopard

су айгыры

l'hippopotame

зөрәфә

la girafe

бөркет

l'aigle

кабан дуңгызы

le sanglier

балык

le poisson

ташбака

la tortue

морж

le morse

төлке

le renard

газәл

la gazelle

Америка футболы
l'american Football

сәпид
le cyclisme

теннис
le tennis

баскетбол
le basket-ball

йөзү
la natation

хоккей
le hockey sur glace

бокс
la boxe

футбол
le football

бадминтон
le badminton

атлетика
l'athlétisme

гандбол
le handball

чаңгы
le ski

поло
le polo

иткенлекләр

les activités

кәләргә
rire
сикерергә
sauter
кочакларга
embrasser
йөрергә
marcher
җырларга
chanter
хыялланырга
rêver
гыйбадәт кылырга
prier
үбәргә
faire la bise

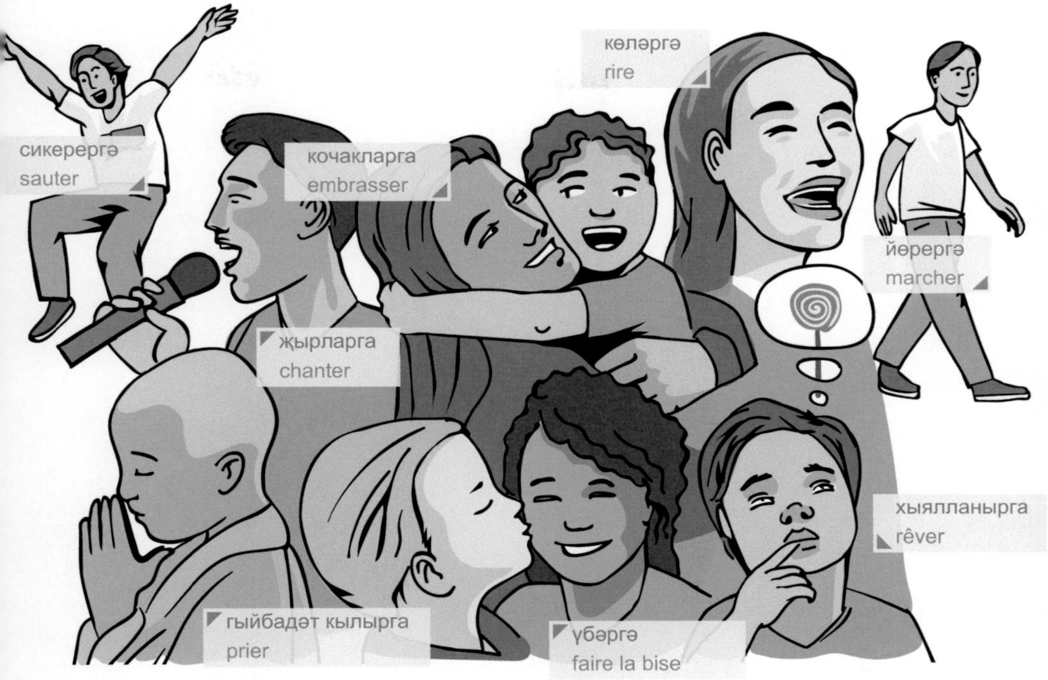

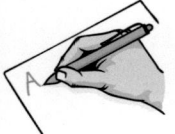

язарга

écrire

рәсем ясарга

dessiner

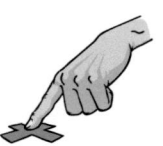

күрсәтергә

montrer

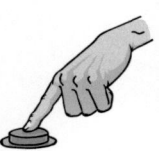

этәргә

pousser

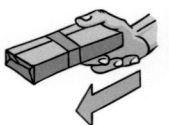

бирергә

donner

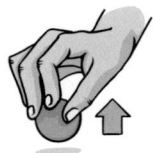

алырга

prendre

ия булырга

avoir

эшләргә

faire

булырга

être

басып торырга

être debout

йөгерергә

courir

тартырга

trier

ташларга

jeter

егылырга

tomber

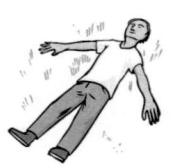

ятарга

être couché

көтәргә

attendre

ташырга

porter

утырырга

être assis

киенергә

s'habiller

йокларга

dormir

уянырга

se réveiller

карарга

regarder

еларга

pleurer

сыйпарга

caresser

тарарга

peigner

сөйләшергә

parler

аңларга

comprendre

сорарга

demander

тыңларга

écouter

эчәргә

boire

ашарга

manger

җыештырынырга

ranger

сөярга

aimer

пешерергә

cuire

сөрергә

conduire

очарга

voler

диңгезгә ачылу

faire de la voile

исәпләү

calculer

укырга

lire

өйрәнергә

apprendre

эшләргә

travailler

өйләнергә

se marier

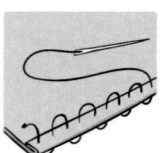

тегәргә

coudre

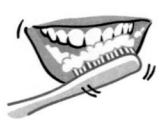

теш фырчаларга

brosser les dents

үтерергә

tuer

тәмәке тартырга

fumer

җибәрергә

envoyer

гаилә

la famille

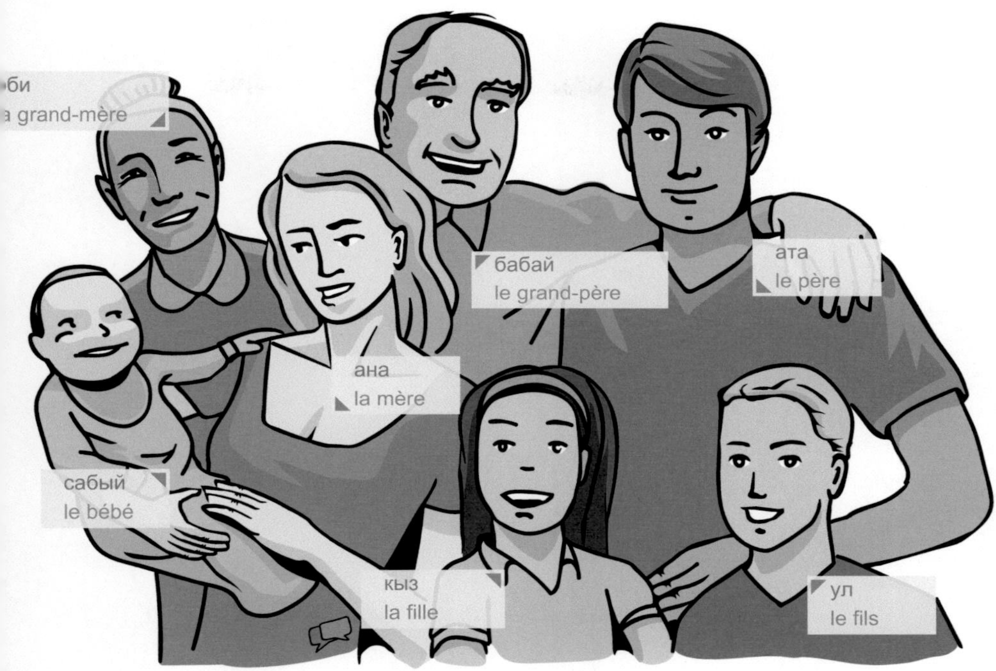

би
a grand-mère
бабай
le grand-père
ата
le père
ана
la mère
сабый
le bébé
кыз
la fille
ул
le fils

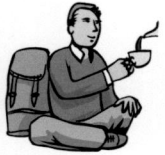

кунак

l'hôte

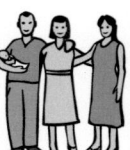

апа

la tante

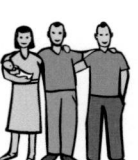

абый

l'oncle

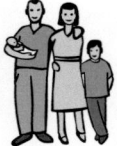

абый / эне

le frère

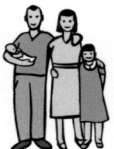

апа / сеңел

la sœur

тән

le corps

маңгай
le front
күз
l'œil
бит
le visage
ияк
le menton
күкрәк
la poitrine
бармак
le doigt
кул чугы
la main
кул
le bras
иңбаш
l'épaule
аяк
la jambe

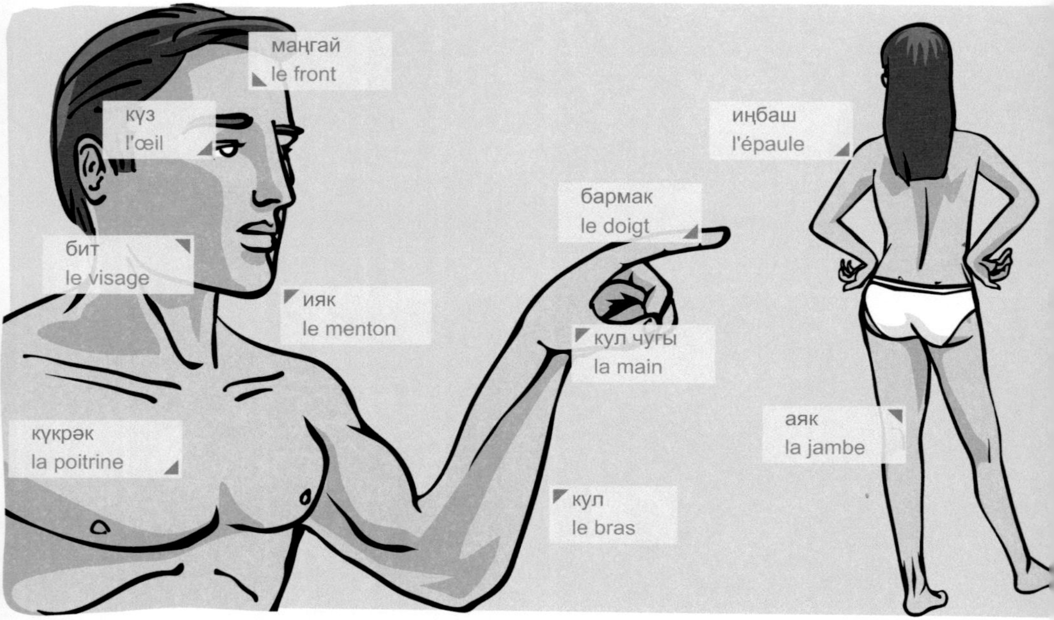

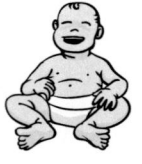

сабый

le bébé

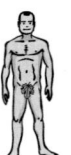

ир

l'homme

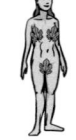

хатын

la femme

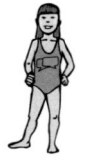

кыз

la fille

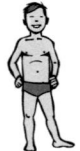

малай

le garçon

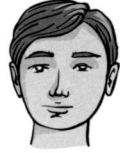

баш

la tête

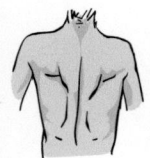

арка

le dos

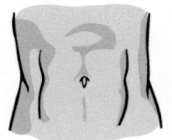

эч

le ventre

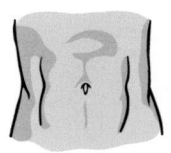

кендек

le nombril

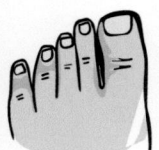

аяк бармагы

l'orteil

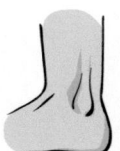

үкчә

le talon

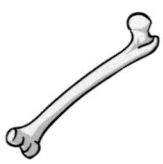

сөяк

l'os

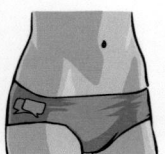

бот

la hanche

тез

le genou

терсәк

le coude

борын

le nez

арт сан

les fesses

тире

la peau

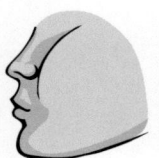

яңак

la joue

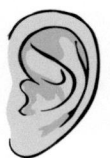

колак

l'oreille

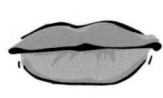

ирен

la lèvre

авыз

la bouche

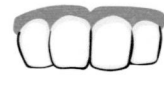

теш

la dent

тел

la langue

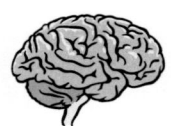

ми

le cerveau

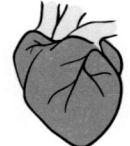

йөрәк

le cœur

газлә

le muscle

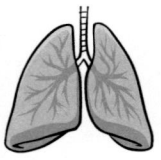

үпкә

les poumons

бавыр

le foie

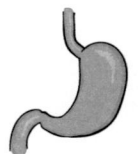

ашказаны

l'estomac

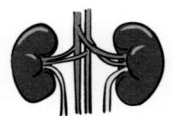

бөерләр

les reins

секс

le rapport sexuel

презерватив

le préservatif

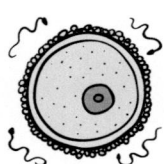

күкәй күзәнәк

l'ovule

мәни

le sperme

көмән

la grossesse

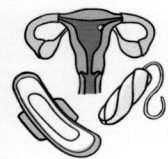

кγрем

la menstruation

вагина

le vagin

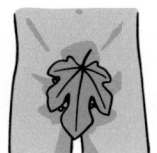

пенис

le pénis

каш

le sourcil

чәчләр

les cheveux

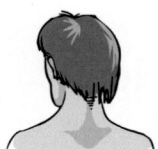

муен

le cou

хастаханә
l'hôpital

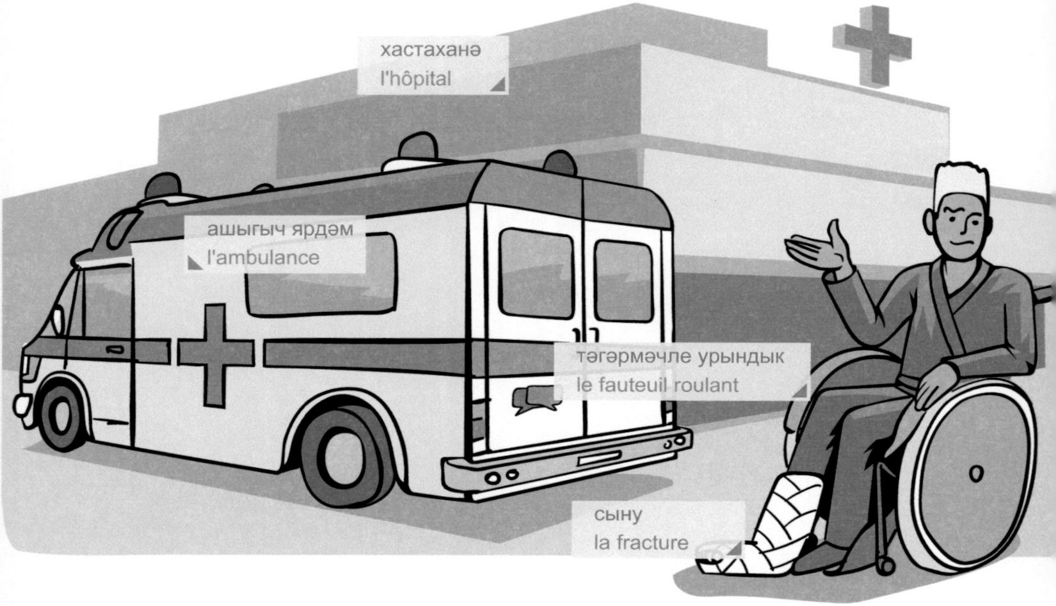

хастаханә
l'hôpital
ашыгыч ярдәм
l'ambulance
тәгәрмәчле урындык
le fauteuil roulant
сыну
la fracture

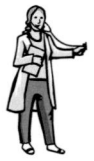

табиб

le médecin

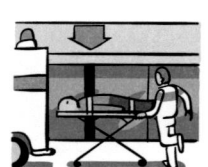

ашыгыч ярдәм бүлмәсе

le service des urgences

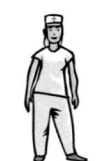

шәфкать туташы

l'infirmière

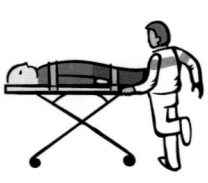

кичектергесез хәл

l'urgence

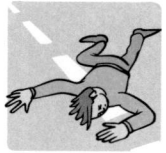

аңсыз

inconscient

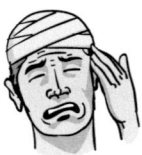

авырту

la douleur

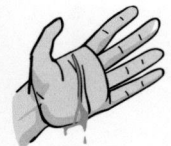

җәрәхәтләнү

la blessure

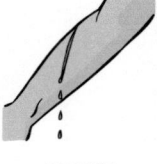

кан агу

l'hémorragie

инфаркт

la crise cardiaque

инсульт

l'attaque cérébrale

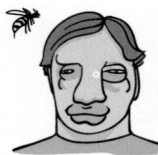

аллергия

l'allergie

ютәл

la toux

кызу

la fièvre

грипп

la grippe

эч киту

la diarrhée

баш авырту

le mal de tête

яман шеш

le cancer

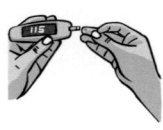

диабет

le diabète

хирург

le chirurgien

скальпель

le scalpel

гамәлият

l'opération

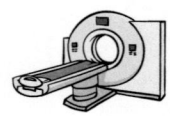

CT

le CT

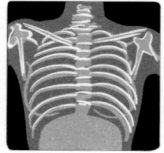

рентген

la radiographie

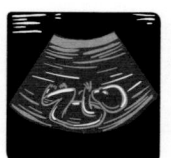

ультратавыш

l'échographie

битлек

le masque

авыру

la maladie

көтү бүлмәсе

la salle d'attente

култык таягы

la béquille

пластырь

le pansement

бәйләвеч

le pansement

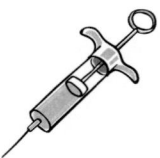

кадау

l'injection

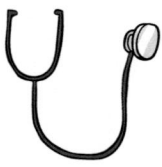

стетоскоп

le stéthoscope

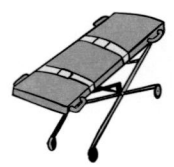

сәдия

le brancard

клиник термометр

le thermomètre

туу

l'accouchement

артык авырлык

la surcharge pondérale

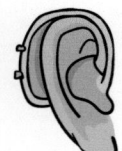

ишетү җиһазы

l'appareil auditif

дезинфектант

le désinfectant

йогыш

l'infection

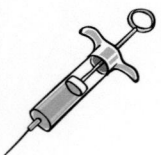

вирус

le virus

КИВ / БИДС

le VIH / le sida

дару

le médicament

вакциналану

la vaccination

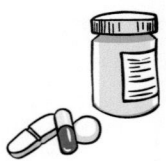

таблетлар

les comprimés

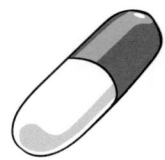

контрацептив таблет

la pilule

ашыгыч чакыру

l'appel d'urgence

кан басымы үлчәгече

le tensiomètre

авыру / сәламәт

malade / sain

Коткарыгыз!

Au secours !

хәвеф тавышы

l'alarme

һөҗүм

l'assaut

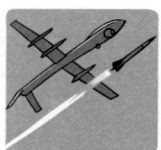

һөҗүм

l'attaque

куркыныч

le danger

ашыгыч чыгу

la sortie de secours

Янгын!

Au feu!

ут сүндергеч

l'extincteur

каза

l'accident

беренче ярдәм букчасы

la trousse de premier secours

SOS

SOS

полиция

la police

Аурупа

l'Europe

Төньяк Америка

l'Amérique du Nord

Көньяк Америка

l'Amérique du Sud

Африка

l'Afrique

Азия

l'Asie

Австралия

l'Australie

Атлантик океан

l'Océan atlantique

Тын океан

l'Océan pacifique

Һинд океаны

l'Océan indien

Антарктик океан

l'Océan antarctique

Арктик океан

l'Océan arctique

Төньяк котып

le Pôle nord

Көньяк котып

le Pôle sud

Антарктика

l'Antarctique

Җир

la terre

коры җир

le pays

диңгез

la mer

утрау

l'île

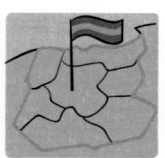

милләт

la nation

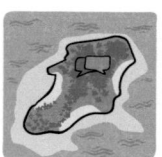

дәүләт

l'état

сәгать бите

le cadran

сәгать угы

l'aiguille des heures

минут угы

l'aiguille des minutes

секунд угы

l'aiguille des secondes

Сәгать ничә?

Quelle heure est-il ?

көн

le jour

вакыт

le temps

хәзер

maintenant

дижитал сәгать

la montre digitale

минут

la minute

сәгать

l'heure

атна

la semaine

душәмбе
lundi

чәршәмбе
mercredi

җомга
vendredi

сишәмбе
mardi

шимбә
samedi

пәнҗешәмбе
jeudi

якшәмбе
dimanche

MO **TU** **W** **TH** **FR** **SA** **SO**

кичә

hier

бүген

aujourd'hui

иртәгә

demain

иртә

le matin

төш

le midi

кич

le soir

эш көннәре

les jours ouvrables

ял көннәре

le week-end

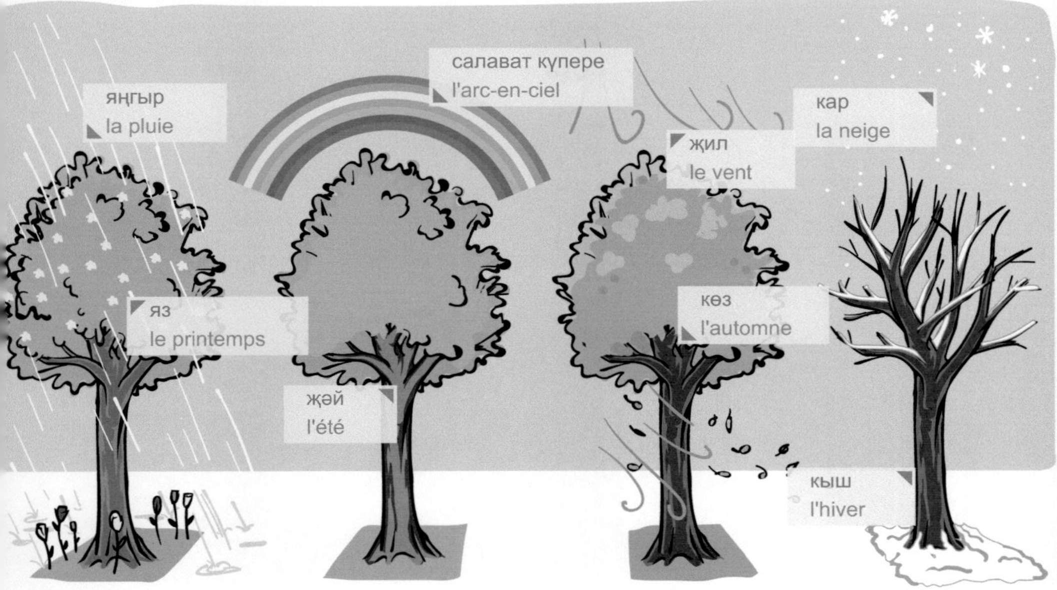

салават күпере
l'arc-en-ciel
яңгыр
la pluie
кар
la neige
җил
le vent
яз
le printemps
көз
l'automne
җәй
l'été
кыш
l'hiver

4.APRIL 11°
5.APRIL 4°
6.APRIL 13°
7.APRIL 8°
8.APRIL 10°

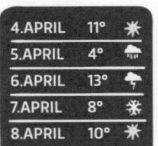

һава торышы

la météo

F
C

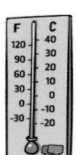

термометр

le thermomètre

кояш яктысы

la lumière du soleil

болыт

le nuage

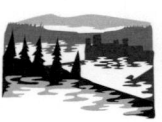

томан

le brouillard

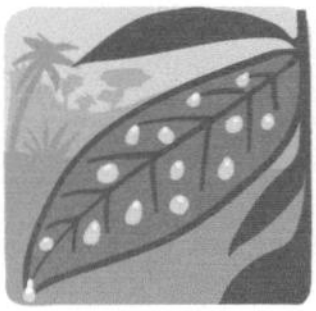

дымлылык

l'humidité

яшен

la foudre

күк күкрәү

la tonnerre

давыл

la tempête

боз

la grêle

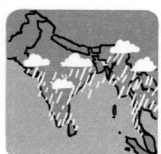

муссон

la mousson

су басу

l'inondation

боз

la glace

гыйнвар

janvier

февраль

février

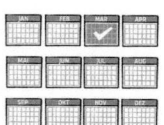

март

mars

апрель

avril

май

mai

июнь

juin

июль

juillet

август

août

ел - l'année

сентябрь

septembre

октябрь

octobre

ноябрь

novembre

декабрь

décembre

формалар

les formes

түгәрәк

le cercle

дүрткел

le carré

турыпочмак

le rectangle

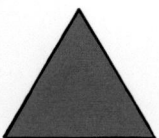

өчпочмак

le triangle

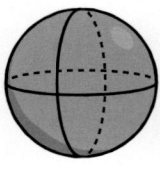

шар

la sphère

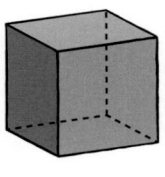

куб

le cube

ак

blanc

сары

jaune

кызгылт сары

orange

ал

rose

кызыл

rouge

шәмәхә

violet

зәңгәр

bleu

яшел

vert

көрән

marron

соры

gris

кара

noir

күп / аз

beaucoup / peu

усал / тыныч

fâché / calme

матур / ямьсез

joli / laid

баш / ахыр

le début / la fin

зур / кечкенә

grand / petit

якты / караңгы

clair / obscure

абый, эне / апа, сеңел

frère / soeur

таза / пычрак

propre / sale

тәмам / тәмамланмаган

complet / incomplet

көн / төн

le jour / la nuit

үле / тере

mort / vivant

киң / тар

large / étroit

ашарга яраклы / ашарга яраксыз

comestible / incomestible

яман / яхшы

méchant / gentil

дулкынланган / ялыккан

excité / ennuyé

юан / ябык

gros / mince

беренче / соңгы

le premier / le dernier

дус / дошман

l'ami / l'ennemi

тулы / буш

plein / vide

каты / йомшак

dur / souple

авыр / җиңел

lourd / léger

ачлык / сусау

faim / soif

авыру / сәламәт

malade / sain

канунсыз / канунлы

illégal / légal

акыллы / акылсыз

intelligent / stupide

сул / уң

gauche / droite

якын / ерак

proche / loin

яңа / кулланылган

nouveau / usé

һичнәрсә / нәрсәдер

rien / quelque chose

өлкән / яшь

vieux / jeune

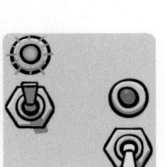

кабыздырылган /
сүндерелгән

marche / arrêt

ачык / ябык

ouvert / fermé

тавышсыз / гөрелтеле

faible / fort

бай / ярлы

riche / pauvre

дөрес / ялгыш

correct / incorrect

кытыршы / шома

rugueux / lisse

күңелсез / күңелле

triste / heureux

кыска / озын

court / long

акрын / тиз

lent / rapide

дымлы / коры

mouillé / sec

җылы / салкын

chaud / froid

сугыш / тынычлык

la guerre / la paix

0

сыфыр

zéro

1

бер

un / une

2

ике

deux

3

өч

trois

4

дүрт

quatre

5

биш

cinq

6

алты

six

7

җиде

sept

8

сигез

huit

9

тугыз

neuf

10

ун

dix

11

унбер

onze

12
у716уунике
douze

13
унөч
treize

14
ундүрт
quatorze

15
унбиш
quinze

16
уналты
seize

17
унҗиде
dix-sept

18
унсигез
dix-huit

19
унтугыз
dix-neuf

20
егерме
vingt

100
йөз
cent

1.000
мең
mille

1.000.000
миллион
le million

инглизчэ

l'anglais

Америка инглизчэсе

l'anglais américain

Мандарин кытайчасы

le chinois mandarin

һинди

le hindi

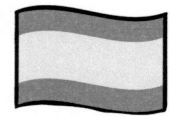

испанча

l'espagnol

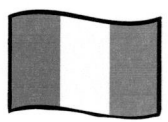

французча

le français

гарәпчә

l'arabe

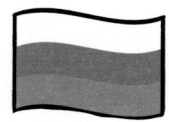

русча

le russe

португалча

le portugais

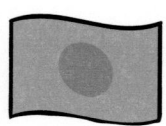

бенгали

le bengali

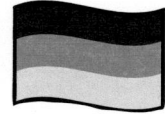

алманча

l'allemand

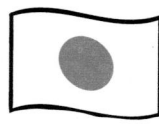

япончa

le japonais

мин

je

син

tu

ул / ул / ул

il / elle / ce, c', cela

без

nous

сез

vous

алар

ils / elles

кем?

Qui ?

нәрсә?

Quoi ?

ничек?

Comment ?

кайда?

Où ?

кайчан?

Quand ?

исем

le nom

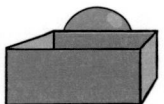

артта

derrière

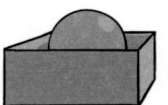

эчендә

dans

алда

devant

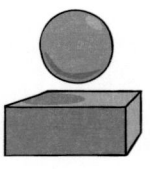

өстендә

au-dessus

өстенә

sur

астында

en-dessous

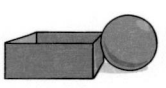

янында

à côté de

арасында

entre

урын

le lieu